בית ספר - sakola 2
נסיעה - lalampahan 5
תחבורה - transportasi 8
עיר - kota 10
נוף - pamandangan 14
מסעדה - restoran 17
סופרמרקט - supermarkét 20
שתיות - inuman 22
אוכל - dahareun 23
חווה - pertanian 27
בית - imah 31
סלון - rohang tamu 33
מטבח - dapur 35
חדר אמבטיה - kamar ibak 38
חדר ילדים - kamar budak 42
בגדים - acuk 44
משרד - kantor 49
כלכלה - ékonomi 51
מקצועות - pagawéan 53
כלי עבודה - alat 56
כלי נגינה - alat musik 57
גן חיות - kebon binatang 59
ספורט - olahraga 62
פעילויות - aktivitas 63
משפחה - kulawarga 67
גוף - awak 68
בית חולים - rumah sakit 72
חירום - darurat 76
כדור הארץ - Bumi 77
שעון - jam 79
שבוע - minggu 80
שנה - taun 81
צורות - bentuk 83
צבעים - warna-warna 84
הפכים - sabalikna 85
מספרים - angka-angka 88
שפות - basa-basa 90
מי / מה / איך - saha / naon / kumaha 91
איפה - di mana 92

Impressum
Verlag: BABADADA GmbH, Nedderfeld 112 , 22529 Hamburg
Geschäftsführer / Verlagsleitung: Harald Hof
Druck: Books on Demand GmbH, In de Tarpen 42, 22848 Norderstedt

Imprint
Publisher: BABADADA GmbH, Nedderfeld 112 , 22529 Hamburg, Germany
Managing Director / Publishing direction: Harald Hof
Print: Books on Demand GmbH, In de Tarpen 42, 22848 Norderstedt

1

בית ספר
sakola

כיתה — rohang kelas
חילק — bagi
לוח — papan
חצר בית ספר — pakarangan sakola
מורה — guru
נייר — kertas
כתב — nyerat / nulis
עט — kalam
שולחן עבודה — méja gawé
סרגל — jidar
ספר — buku
תלמיד — murit

ילקוט
tas sakola

קלמר
wadah potlot

עיפרון
potlot

מחדד
rautan potlot

גומי מחיקה
pamupus

חוברת סרטוט
kertas gambar

סרטוט
gambar

מברשת
kuas cét

קופסת צבעים
kotak cét

מספריים
gunting

דבק
lém

ספר תרגול
buku latihan

שיעור בית
péér

מספר
angka

חיבר
nambahkeun

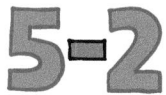

חיסר
kurang

הכפיל
kali

חישב
ngitung

אות
surat

אלפבית
alpabét

מילה
kecap

בית ספר - sakola

טקסט
téks

קרא
maca

גיר
kapur

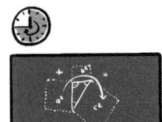
שיעור
palajaran

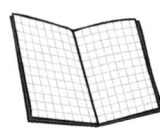
יומן נוכחות
daptar

מבחן
ujian

תעודה
sértipikat

תלבושת בית ספר
saragam sakola

חינוך
atikan

אנציקלופדיה
énsiklopédi

אוניברסיטה
univérsitas

מיקרוסקופ
mikroskop

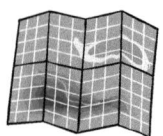
מפה
peta

סל נייר
wadah runtah

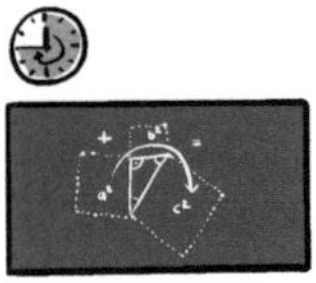

בית ספר - sakola

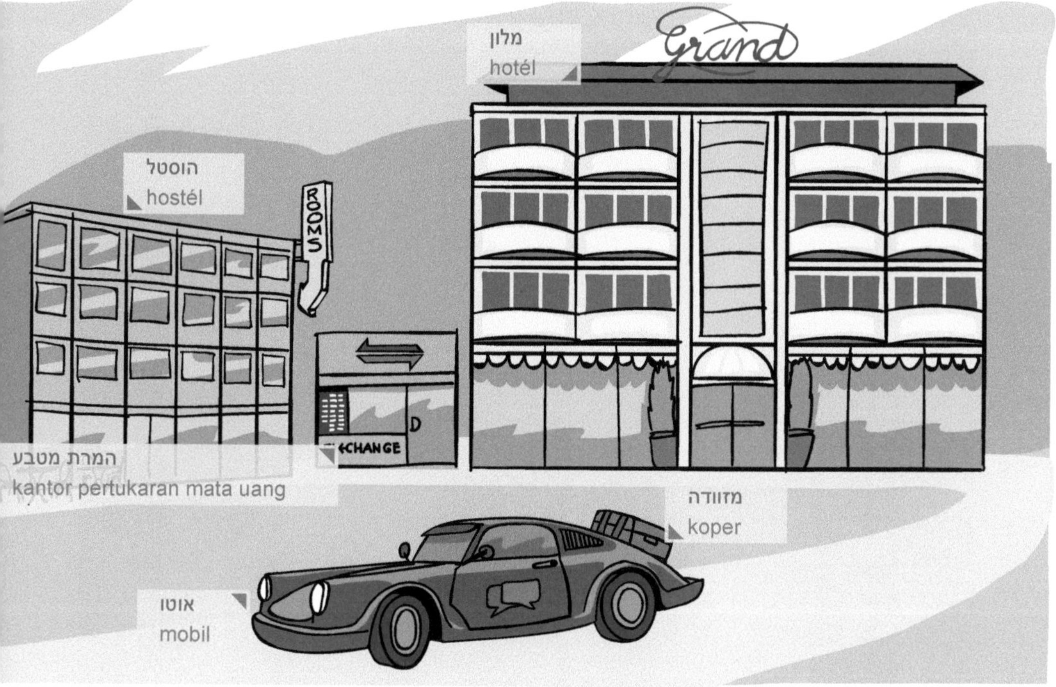

נסיעה
lalampahan

מלון
hotél
הוסטל
hostél
המרת מטבע
kantor pertukaran mata uang
מזוודה
koper
אוטו
mobil

שפה

basa

כן / לא

muhun / henteu

בסדר

oké

שלום

hei

מתרגם

panarjamah

תודה

hatur nuhun

נסיעה - lalampahan 5

כמה עולה.....?

sabaraha hargana…?

אני לא מבין

abdi teu ngartos

בעיה

masalah

ערב טוב!

Wilujeng wengi!

בוקר טוב!

Wilujeng siang!

לילה טוב!

Wilujeng wengi!

להתראות

mugi patepang deui

כיוון

arah

כבודה

bagasi

תיק

kantong

תרמיל גב

ransel

אורח

tamu

חדר

rohang

שק שינה

kantong saré

אוהל

tenda

נסיעה - lalampahan

מרכז מידע לתיירים

informasi wisata

חוף ים

pantai

כרטיס אשראי

kartu krédit

ארוחת בוקר

sarapan

ארוחת צהריים

dahar beurang

ארוחת ערב

dahar peuting

כרטיס

tikét

מעלית

lift

בול

perangko

גבול

wates

מכס

cukai

שגרירות

kedutaan

אשרה

visa

דרכון

paspor

נסיעה - lalampahan

תחבורה
transportasi

מטוס / kapal terbang

אונייה / parahu motor

כבאית / mobil pemadam kebakaran

משאית / treuk

אוטובוס / beus

סירת מנוע / parahu motor

אופניים / sapeda

אוטו / mobil

מעבורת
kapal féri

סירה
parahu

אופנוע
sapeda motor

ניידת משטרה
mobil pulisi

מכונית מרוץ
mobil balap

רכב שכור
mobil nyéwa

מכוניות בשיתוף
mobil babarengan

אוטו גרר
treuk dérék

משאית זבל
treuk runtah

מנוע
motor

דלק
bahan bakar

תחנת דלק
bénsin

תמרור
tanda lalulintas

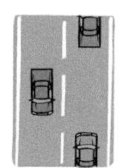

תנועה
lalulintas

פקק תנועה
macét

חניה
parkir mobil

תחנת רכבת
stasiun karéta

פסי רכבת
trék

רכבת
karéta api

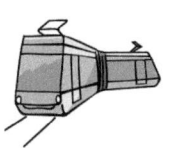

רכבת קלה
tram

קרון
garobag

תחבורה - transportasi

מסוק
hélikopter

שדה-תעופה
bandara

מגדל
munara

נוסע
panumpang

קונטיינר
konténer

קרטון
karton

עגלה
troli

סל
karanjang

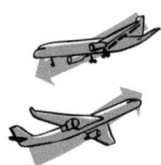

המראה / נחיתה
terbang / landas

עיר
kota

כפר
kampung

מרכז העיר
tengah kota

בית
imah

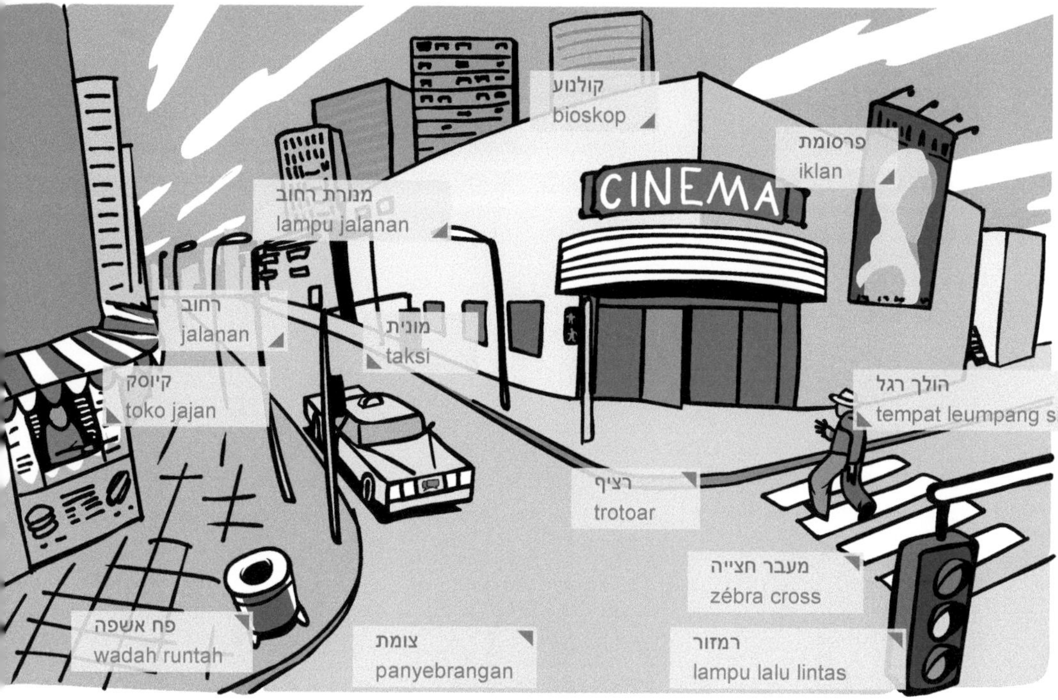

קולנוע / bioskop

פרסומת / iklan

מנורת רחוב / lampu jalanan

רחוב / jalanan

מונית / taksi

קיוסק / toko jajan

הולך רגל / tempat leumpang sis

רציף / trotoar

מעבר חצייה / zébra cross

פח אשפה / wadah runtah

צומת / panyebrangan

רמזור / lampu lalu lintas

בקתה
gubuk

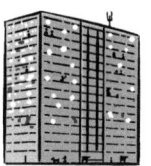

דירה
imah flat

תחנת רכבת
stasiun karéta

עירייה
balai kota

מוזיאון
museum

בית ספר
sakola

עיר - kota

 אוניברסיטה univérsitas	 בנק bank	 בית חולים rumah sakit
 מלון hotél	 בית מרקחת farmasi	 משרד kantor
 חנות ספרים toko buku	 חנות toko	 חנות פרחים toko kembang
 סופרמרקט supermarkét	 שוק pasar	 כל-בו swalayan
 מוכר דגים nalayan	 קניון pusat balanja	 נמל palabuan

פארק
kebon

ספסל
korsi

גשר
sasak

מדרגות
tangga

רכבת תחתית
kareta bawah tanah

מנהרה
torowongan

תחנת אוטובוס
halte beus

בר
bar

מסעדה
restoran

תא דואר
kotak surat

שלט רחוב
tanda jalan

מדחן
meteran parkir

גן חיות
kebon binatang

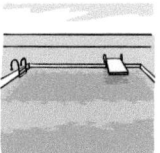

בריכת שחיה
kolam renang

מסגד
masigit

עיר - kota

חווה
pertanian

זיהום
polusi

בית עלמין
kuburan

כנסייה
gareja

מגרש משחקים
tempat ulin

בית מקדש
pura

נוף
pamandangan

עלה — daun
תמרור — panunjuk arah
דרך — jalanan
מרעה — ladang jukut
אבן — batu
עץ — tangkal
מטייל — tukang leumpang
נהר — susukan
דשא — jukut
פרח — kembang

נוף - pamandangan

בקעה
lengkob

הר
bukit

אגם
tasik

יער
leuweung

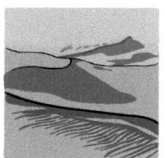
מדבר
gurun

הר געש
gunung marapi

טירה
karaton

קשת בענן
katumbiri

פטריה
suung

דקל
tangkal palem

יתוש
reungit

זבוב
laleur

נמלה
sireum

דבורה
nyiruan

עכביש
lamat lancah

נוף - pamandangan

חיפושית

nyiruan

צפרדע

bangkong

סנאי

bajing

קיפוד

landak

ארנב

kalinci

ינשוף

bueuk

ציפור

manuk

ברבור

soang

חזיר בר

bagong

צבי

kijang

אייל הקורא

kijang

סכר

bendungan

טורבינת רוח

turbin angin

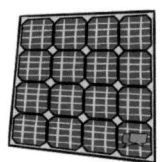

פנל סולארי

panél surya

אקלים

iklim

מסעדה
restoran

מלצר / badega

תפריט / menu

כסא / korsi

מרק / sop

פיצה / pitsa

סכו״ם / parkakas dahar

מפת שולחן / taplak

מנת פתיחה
hidangan pembuka

מנה עיקרית
hidapan utama

קינוח
hidangan penutup

שתיות
inuman

אוכל
dahareun

בקבוק
botol

מסעדה - restoran

מזון מהיר
dahareun cepat saji

אוכל רחוב
jajanan sisi jalan

קנקן תה
téko téh

מסכרת
wadah gula

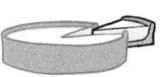

מנה
porsi

מכונת אספרסו
mesin éspréso

כסא תינוק
korsi jangkung

חשבון
tagihan

מגש
baki

סכין
péso

מזלג
garpu

כף
séndok

כפית
séndok téh

מפית
serbét

כוס
gelas

מסעדה - restoran

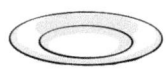

צלחת
piring

קערת מרק
mangkok sop

תחתית
pisin

רוטב
saos

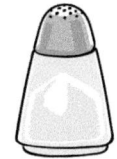

מלחייה
wadah uyah

מטחנת פלפל
panggiling pedes

חומץ
cuka

שמן
minyak

תבלינים
bumbu

קטשופ
saos tomat

חרדל
mustard

מיונז
mayonés

מסעדה - restoran   19

סופרמרקט
supermarkét

מבצע
tawaran husus

לקוח
klién

מוצרי חלב
produk susu

פירות
buah

עגלת קניות
troli

אטליז

tukang meuncit

מאפייה

toko roti

שקל

nimbang

ירקות

sayur

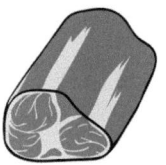

בשר

daging

מזון קפוא

tuangeun beku

סופרמרקט - supermarkét

בשר קר

alat potong daging

שימורים

dahareun kaléng

אבקת כביסה

sabun serbuk

ממתקים

permén

מוצרי בית

perkakas rumah tangga

חומר ניקוי

produk pembersih

מוכרת

tukang jualan

קופה

kasa

קופאי

kasir

רשימת קניות

daftar balanja

שעות פתיחה

jam buka

ארנק

dompét

כרטיס אשראי

kartu krédit

תיק

kantong

שקית ניילון

kantong palastik

שתיות
inuman

מים
cai

מיץ
jus

חלב
susu

קולה
kola

יין
anggur

בירה
arak

אלכוהול
arak

קקאו
coklat

תה
téh

קפה
kopi

אספרסו
éspréso

קפוצ'ינו
kapucino

אוכל
dahareun

בננה
pisang

תפוח
apel

תפוז
jeruk

אבטיח
samangka

לימון
lémon

גזר
wortel

שום
bawang bodas

במבוק
awi

בצל
bawang bombai

פטריות
suung

אגוזים
suuk

אטריות
emih

ספגטי	אורז	סלט
spagéti	sangu	salat

צ'יפס	צ'יפס	פיצה
kentang goréng	kentang goréng	pitsa

המבורגר	כריך	שניצל
hamburger	roti lapis	sakeureut daging
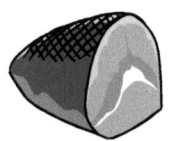		
שינקין	סלאמי	נקניקיה
ham	salami	sosis

עוף	טיגון	דג
hayam	ngagoreng	lauk

אוכל - dahareun

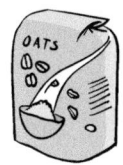

שיבולת שועל
bubur gandum

מוזלי
séréal

קורנפלקס
cornflakes

קמח
tarigu

קרואסון
croissant

לחמנייה
roti

לחם
roti

טוסט
roti panggang

עוגיות
biskuit

חמאה
mantéga

גבינה לבנה
dadih

עוגה
kuéh

ביצה
endog

ביצת עין
goréng endog

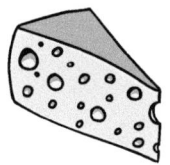

גבינה
keju

אוכל - dahareun

25

גלידה
eskrim

סוכר
gula

דבש
madu

ריבה
selé

ממרח נוגט
krim coklat

קארי
karé

חווה
pertanian

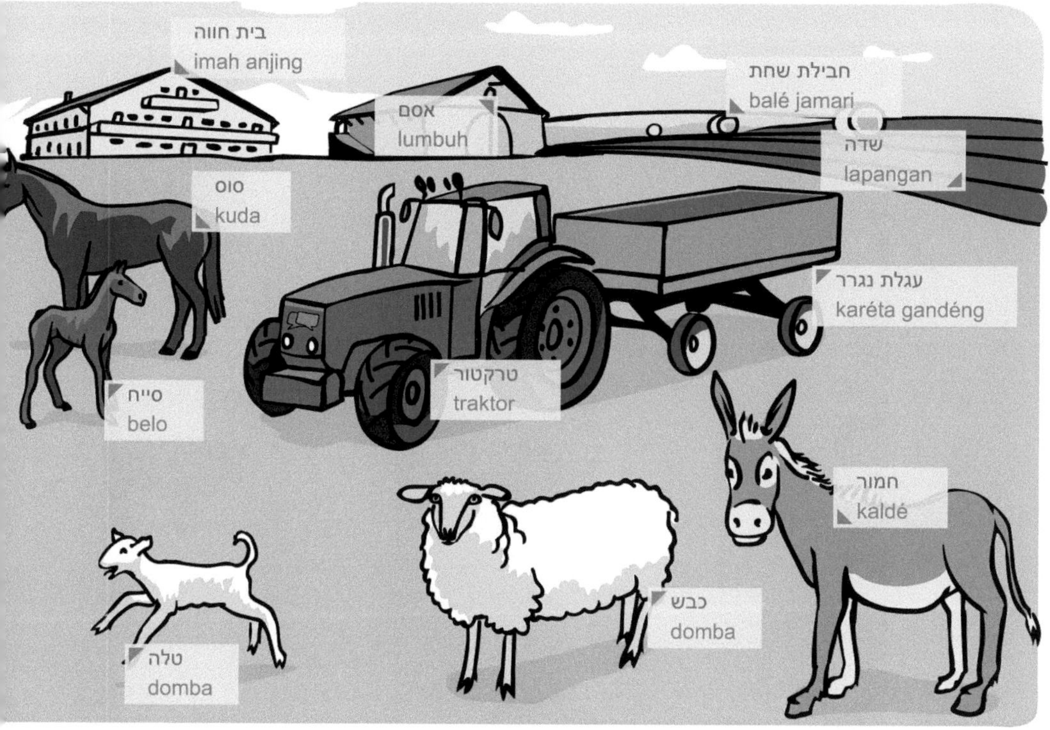

בית חווה / imah anjing

חבילת שחת / balé jamari

אסם / lumbuh

שדה / lapangan

סוס / kuda

עגלת נגרר / karéta gandéng

טרקטור / traktor

סייח / belo

חמור / kaldé

כבש / domba

טלה / domba

עז

embé

פרה

sapi

עגל

bitis

חזיר

bagong

חזרזיר

babi

שור

banténg

חווה - pertanian

אווז

soang

ברווז

éntog

אפרוח

pitik

תרנגולת

hayam

תרנגול

hayam jago

חולדה

beurit

חתול

ucing

עכבר

beurit

שור

sapi

כלב

anjing

מלונה

imah anjing

צינור השקיה

selang

קנקן מים

kaléng nyiram

חרמש

arit panjang

מחרשה

ngabajak

חווה - pertanian

מגל
arit

מגרפה
pacul

קלשון
garpuh jukut

גרזן
kapak

מריצה
gorobah

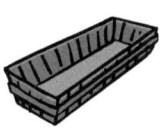

שוקת
palung

כד חלב
kaléng susu

שק
karung

גדר
pager

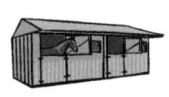

אורווה
kandang

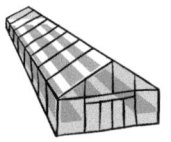

חממה
imah kaca

אדמה
taneuh

זרע
benih

דשן
pupuk

מקצרה
mesin permén

קצר
panén

קציר
panén

בטטה אפריקנית
yams

חיטה
gandum

סויה
kedelé

תפוח אדמה
kentang

תירס
jagong

קנולה
lobak

עץ פירות
tangkal buah

קסבה
sampeu

דגנים
séréal

חווה - pertanian

בית
imah

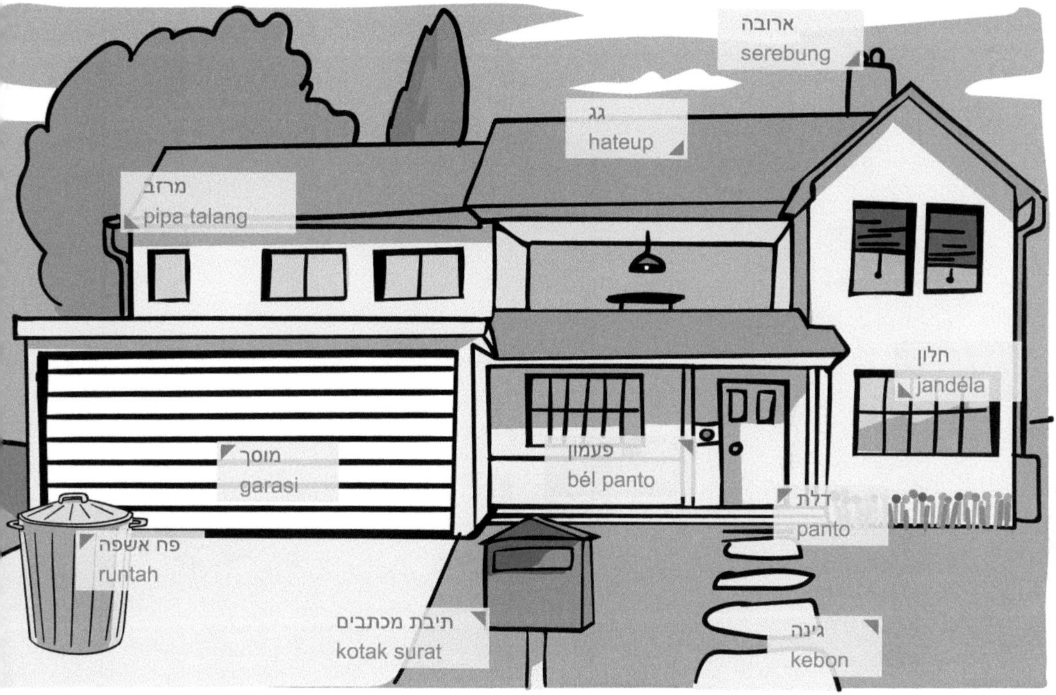

ארובה / serebung
גג / hateup
מרזב / pipa talang
חלון / jandéla
מוסך / garasi
פעמון / bél panto
דלת / panto
פח אשפה / runtah
תיבת מכתבים / kotak surat
גינה / kebon

סלון
rohang tamu

חדר אמבטיה
kamar ibak

מטבח
dapur

חדר שינה
pangkéng

חדר ילדים
kamar budak

חדר אוכל
kamar makan

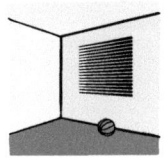
רצפה
téhel

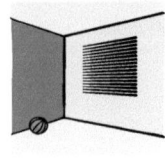
קיר
tembok

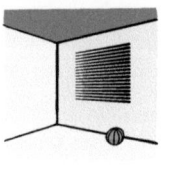
תקרה
hateup

מרתף
gudang di handap imah

סאונה
sauna

מרפסת
balkon

מרפסת
tepas

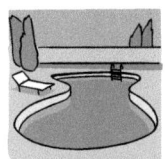
בריכה
kolam renang

מכסחת דשא
mesin pamotong jukut

סדין
sepré

כיסוי מיטה
simbut

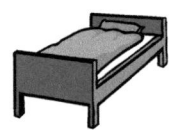
מיטה
ranjang

מטאטא
sapu

דלי
émbér

מפסק
tombol

סלון
rohang tamu

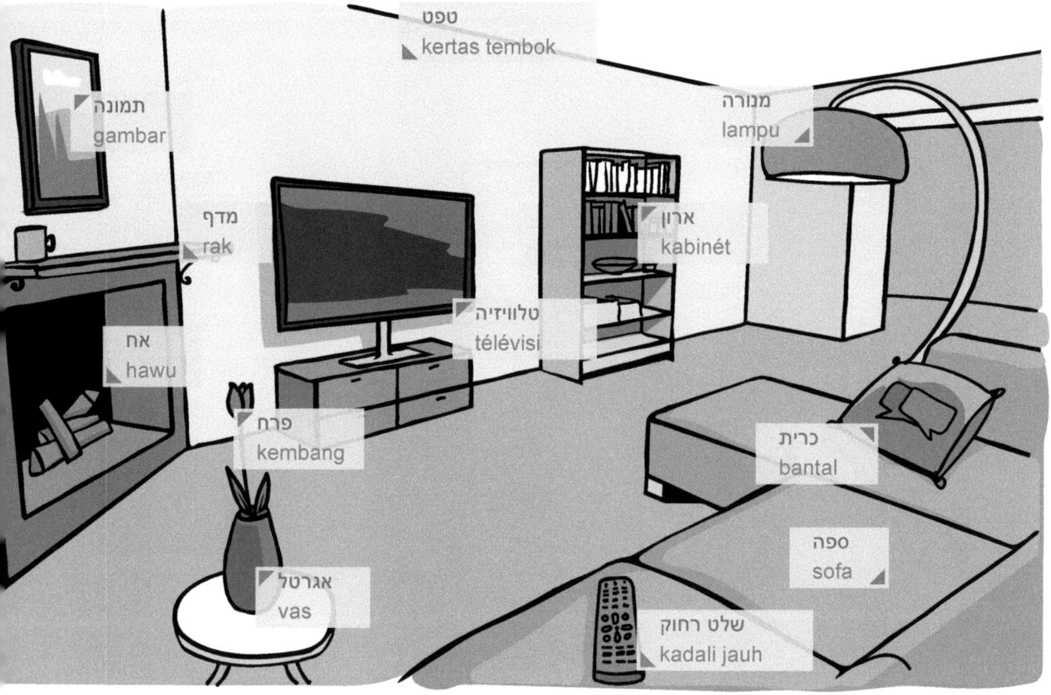

- טפט / kertas tembok
- תמונה / gambar
- מנורה / lampu
- מדף / rak
- ארון / kabinét
- אח / hawu
- טלוויזיה / télévisi
- פרח / kembang
- כרית / bantal
- ספה / sofa
- אגרטל / vas
- שלט רחוק / kadali jauh

שטיח
karpét

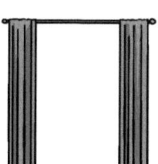

וילון
hordéng

שולחן
meja

כסא
korsi

כיסא נדנדה
korsi goyang

כורסה
korsi malas

סלון - rohang tamu

ספר
buku

שמיכה
simbut

דקורציה
dékorasi

עצי הסקה
suluh

סרט
pilem

מערכת סטריאו
hi-fi

מפתח
konci

עיתון
surat kabar

ציור
lukisan

פוסטר
poster

רדיו
radio

מחברת
buku tulis

שואב אבק
panyedot kebul

קקטוס
kaktus

נר
lilin

סלון - rohang tamu

מטבח
dapur

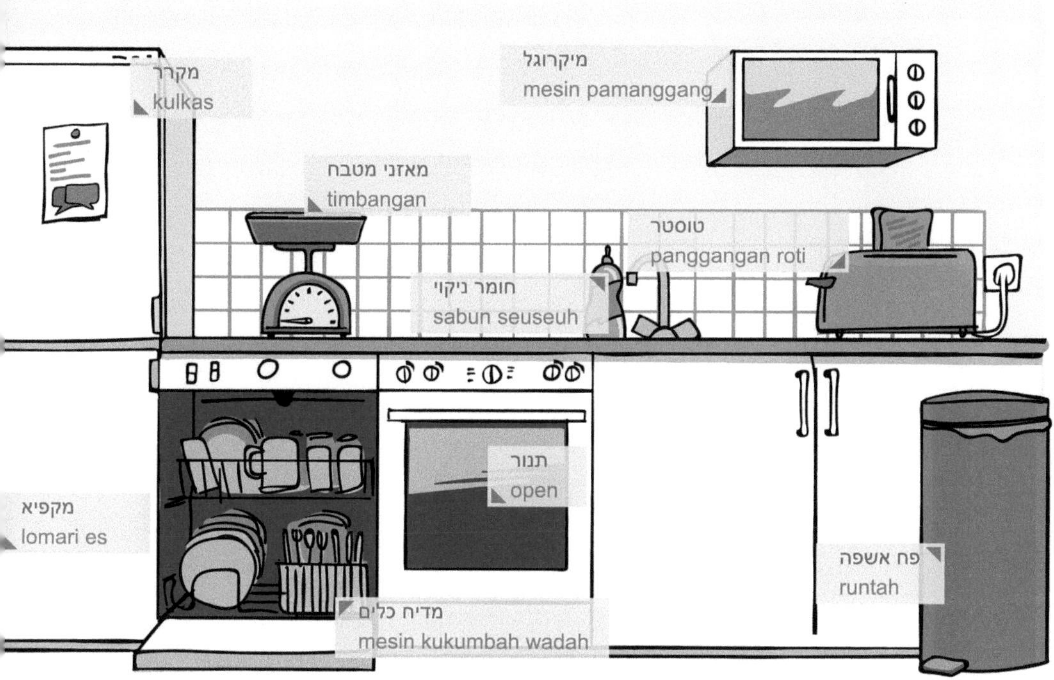

- מקרר / kulkas
- מיקרוגל / mesin pamanggang
- מאזני מטבח / timbangan
- טוסטר / panggangan roti
- חומר ניקוי / sabun seuseuh
- תנור / open
- מקפיא / lomari es
- פח אשפה / runtah
- מדיח כלים / mesin kukumbah wadah

תנור
kompor

סיר
panci

סיר ברזל
panci beusi

ווק
katél

מחבת
panci

קומקום חשמלי
citél

מאדה

langseng

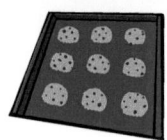

מגש אפייה

baki

כלי אוכל

piring

ספל

cangkir

קערה

mangkok

צ'ופסטיקס

sumpit

מצקת

sendok sop

מרית

sérok

מטרפה

pangocok

מסננת בישול

ayakan

מסננת

saringan

מגרדת

parutan

מכתש

mortar

גריל

daging bakar

מדורה

suluh

קרש חיתוך
papan pamotong

מערוך
gilingan

פותחן פקקים
alat pambuka tutup botol

פחית
kaléng

פותחן קופסאות
pambuka kaléng

מטלית
gagang panci

כיור
tilelep

מברשת
sikat

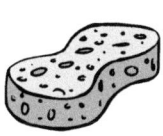

ספוג
busa

בלנדר
blénder

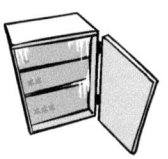

מקפיא
lomari es

בקבוק לתינוק
botol orok

ברז
keran

מטבח - dapur

חדר אמבטיה
kamar ibak

מקלחת — ibak
חימום — mesin pamanas
מגבת — anduk
וילון מקלחת — hordeng kamar ibak
אמבטיית קצף — mandi busa
אמבטיה — bak mandi
כוס — gelas
מכונת כביסה — mesin cuci
אריחים — téhel
ברז — keran
סיר לילה — pispot
כיור — tilelep

אסלה
jamban

אסלת כריעה
cubluk

בידה
bidét

משתנה
urinal

נייר טואלט
kertas jamban

מברשת אסלה
sikat jamban

מברשת שיניים
sikat huntu

משחת שיניים
odol

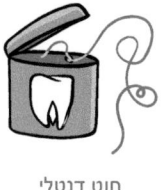

חוט דנטלי
benang gigi

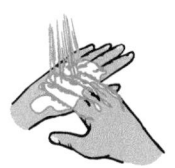

שטף
nyeuseuh

מקלחת יד
kokocoran leungeun

צינור שטיפה לשירותים
kukucuran

קערת רחצה
bak

מברשת גב
panyikat tonggong

סבון
sabun

ג'ל רחצה
gel ibak

שמפו
sampo

ליפה
planél

ניקוז
nguras

קרם
krim

דיאודורנט
déodoran

kamar ibak - חדר אמבטיה

מראה

eunteung

מראת יד

eunteung leungeun

סכין גילוח

péso cukur

קצף גילוח

busa cukur

אפטרשייב

krim cukur

מסרק

sisir

מברשת

sikat

מייבש שיעור

alat panggaring rambut

ספריי לשיער

semprotan rambut

איפור

pangrias beungeut

שפתון

lipstik

לק

cét kuku

צמר גפן

kapas

מספריים לציפורניים

gunting kuku

בושם

minyak seungit

תיק כלי רחצה

kantong seuseuh

שרפרף

bangku

משקל

timbangan

חלוק רחצה

baju mandi

כפפות גומי

sarung tangan karét

טמפון

sampon

תחבושת סניטרית

handuk pembalut

שירותים כימיקליים

jamban kimia

חדר ילדים
kamar budak

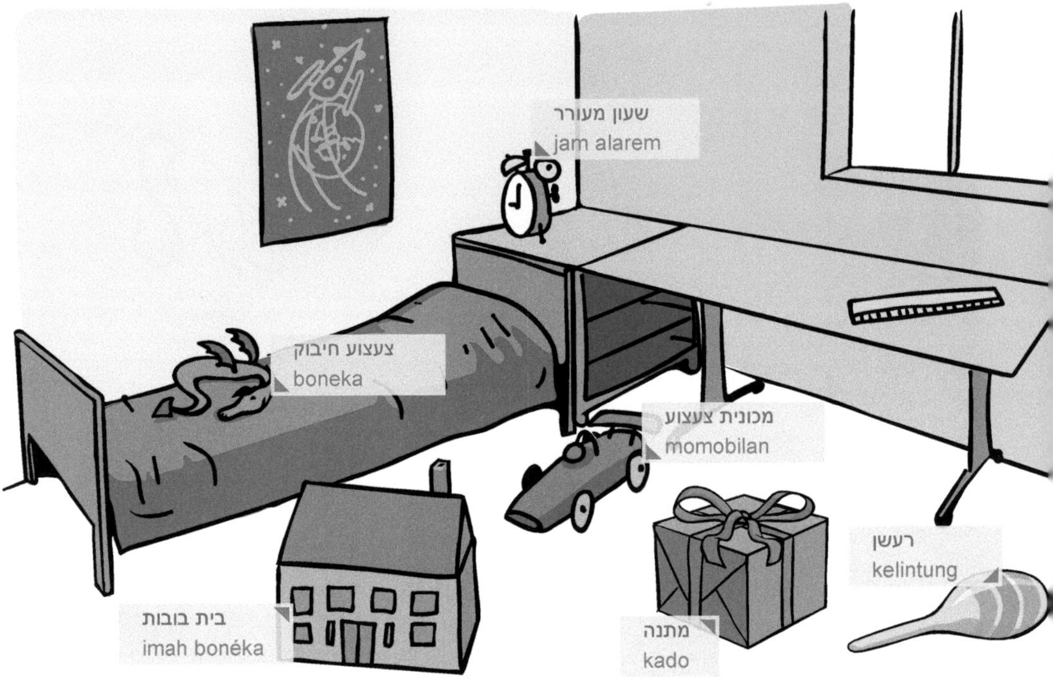

שעון מעורר
jam alarem

צעצוע חיבוק
boneka

מכונית צעצוע
momobilan

רעשן
kelintung

בית בובות
imah bonéka

מתנה
kado

בלון
balon

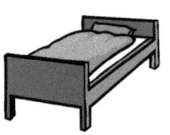

מיטה
ranjang

עגלה
karéta orok

משחק קלפים
kartu

פאזל
tatarucingan

קומיקס
komik

חדר ילדים - kamar budak

לגו
kaulinan lego

קוביות משחק
kaulinan bentuk blok

דמות משחק
figur tokoh

סרבל תינוקות
baju budak

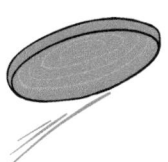

פריזבי
frisbee

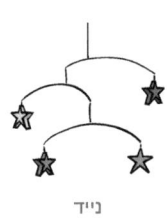

נייד
mobile

משחק לוח
papan gim

קוביה
dadu

רכבת צעצוע
set model kareta api

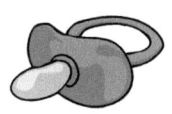

מוצץ
endot

מסיבה
pihak

אלבום תמונות
buku gambar

כדור
bal

בובה
bonéka

שיחק
ulin

חדר ילדים - kamar budak

ארגז חול
wadah pasir maénan

נדנדה
ayunan

צעצועים
kaulinan

קונסולת משחקים
video gim konsol

אופניים תלת גלגלי
sapedah roda tilu

דובון
bonéka beruang

ארון בגדים
lomari baju

בגדים
acuk

גרביים
kaos kaki

גרביונים
kaos kaki

גרביון
baju ketat

סנדלים

sendal

נעליים

sapatu

מגפי גומי

sapatu bot karét

תחתונים

cangcut

חזייה

kutang

וסט

baju rompi

גוף
awak

מכנסיים
calana

ג'ינס
jins

חצאית
rok

חולצה מכופתרת
blus

חולצה
kaméja

אפודה
jakét tiung

סווצ'ר עם קפוצ'ון
baju haneut

בלייזר
jakét

ז'קט
jakét

מעיל
jakét

מעיל גשם
jas hujan

תלבושת
kostum

שמלה
gaun

שמלת כלה
gaun pangantén

חליפה
baju resmi

כותונת לילה
baju saré

פיג'מה
piyama

סארי
sari

מטפחת ראש
tiung

טורבן
turban

בורקה
burka

קאפטן
kaftan

עבאיה
abaya

בגד ים
baju renang

בגד ים
calana renang

מכנסיים קצרים
calana péndék

בגד אימון
orang raga

סינר
celemék

כפפות
sarung tangan

בגדים - acuk

כפתור
kancing

משקפיים
kaca soca

צמיד יד
gelang

שרשרת
kongkorong

טבעת
ali

עגיל
giwang

כובע
topi

קולב
gantungan jakét

כובע
topi

עניבה
dasi

רוכסן
risléting

קסדה
hélem

כתפיות
tali salémpang

תלבושת בית ספר
saragam sakola

מדים
saragam

מפית אוכל
apron orok

מוצץ
endot

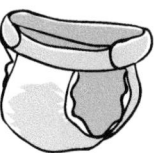
חיתול
popok

משרד
kantor

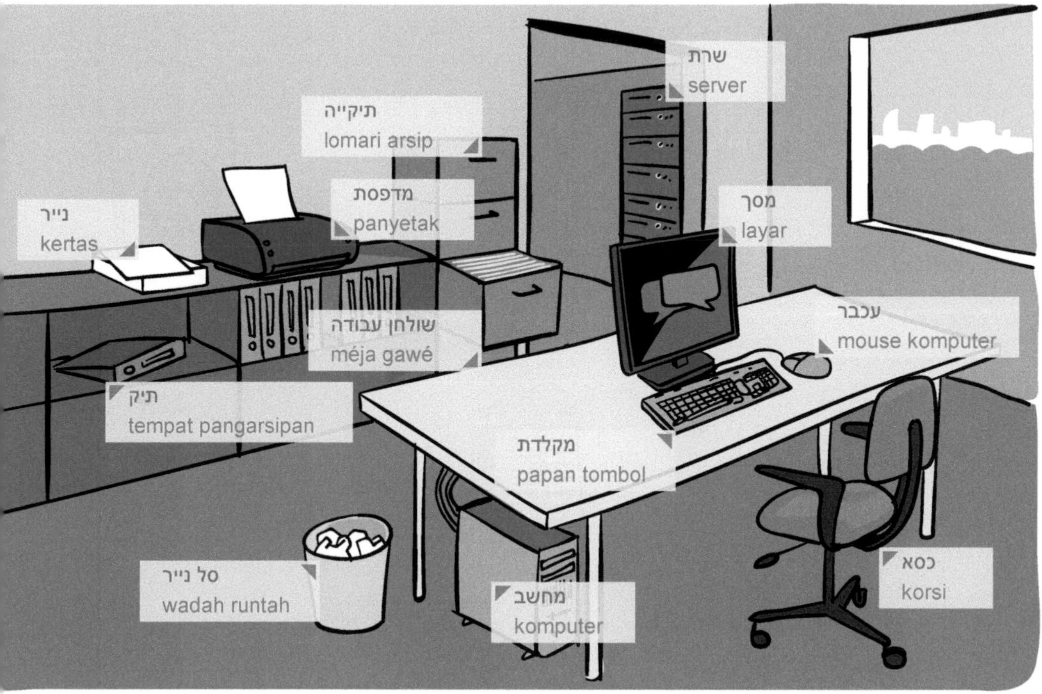

- שרת / server
- תיקייה / lomari arsip
- מדפסת / panyetak
- מסך / layar
- נייר / kertas
- שולחן עבודה / méja gawé
- עכבר / mouse komputer
- תיק / tempat pangarsipan
- מקלדת / papan tombol
- סל נייר / wadah runtah
- מחשב / komputer
- כסא / korsi

ספל קפה
cangkir kopi

מחשבון
kalkulator

אינטרנט
internét

משרד - kantor   49

מחשב נייד
laptop

מכתב
surat

הודעה
pesen

נייד
telpon sélulér

רשת
jaringan

מכונת צילום
fotokopi

תוכנה
software

טלפון
telpon

שקע
plug sokét

פקס
mesin fax

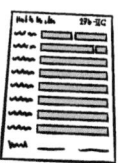
טופס
formulir

מסמך
dokumén

משרד - kantor

כלכלה
ékonomi

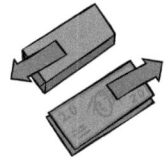
קנה
mésér

שילם
mayar

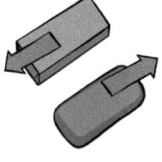
סחר
dagang

כסף
artos

דולר
dollar

יורו
euro

י'ן
yen

רובל
rubel

פרנק שווייצרי
Franc swiss

יואן רנמינבי
renminbi yuan

רופי
rupiah

כספומט
ATM

המרת מטבע
kantor pertukaran mata uang

זהב
emas

כסף
pérak

נפט
minyak

אנרגיה
énérgi

מחיר
harga

חוזה
kontrak

מס
pajak

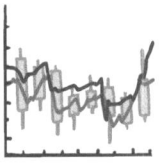
מנייה
saham

עבד
gawé

עובד
karyawan

מעסיק
dunungan

מפעל
pabril

חנות
toko

כלכלה - ékonomi

מקצועות
pagawéan

שוטר / petugas pulisi

כבאי / pemadam kebakaran

טבח / koki

רופא / dokter

טייס / pilot

גנן
tukan kebon

נגר
tukang kai

תופרת
tukang jait awéwé

שופט
hakim

כימאי
ahli kimia

שחקן
aktor

נהג אוטובוס
sopir beus

נהג מונית
sopir taksi

דייג
nalayan

עובדת נקיון
pembantu

מתקן גגות
tukang hateup

מלצר
badega

צייד
tukang muru

צייר
pelukis

אופה
tukang roti

חשמלאי
tukang listrik

עובד בניין
tukang bangun

מהנדס
insinyur

קצב
tukang daging

אינסטלטור
tukang pipa

דוור
tukang pos

חייל
tentara

אדריכל
arsiték

קופאי
kasir

מוכר פרחים
tukang kembang

ספר
tukang salon

כרטיסן
konduktor

מכונאי
tukang méngkél

קברניט
kaptén

רופא שיניים
dokter gigi

מדען
ilmuwan

רב
rabbi

אימאם
imam

נזיר
biarawan

כומר
pendéta

מקצועות - pagawéan

כלי עבודה
alat

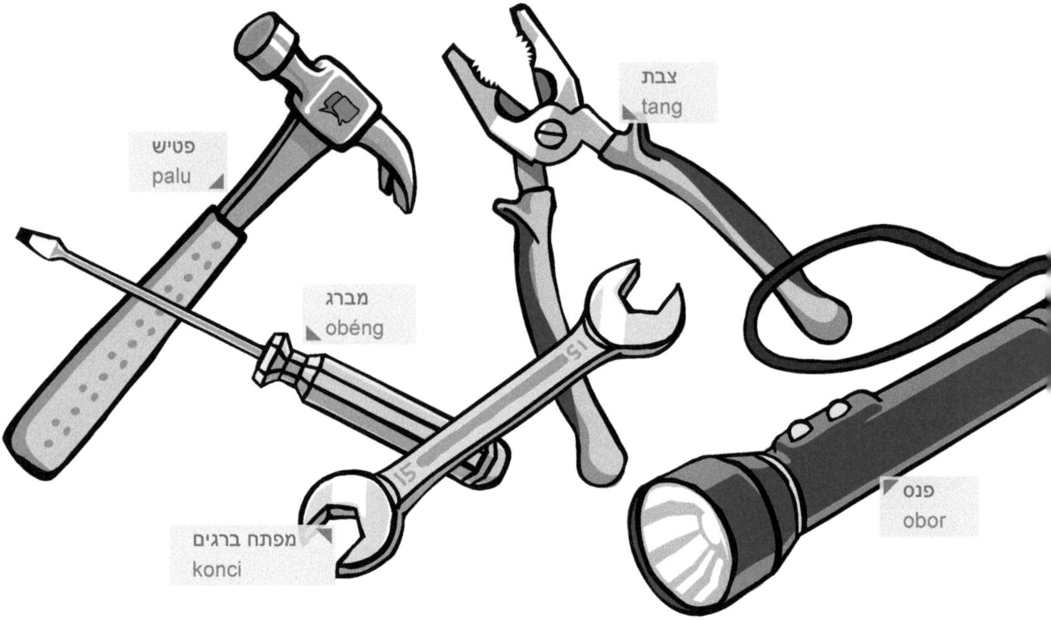

פטיש / palu

צבת / tang

מברג / obéng

מפתח ברגים / konci

פנס / obor

דחפור
panggali

ארגז כלים
kantong parkakas

סולם
tangga

מסור
ragaji

מסמרים
paku

מקדחה
bor

תיקן

ngabenerkeun

את חפירה

sekop

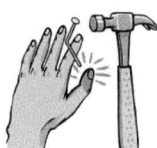

לעזאזל!

Kéhéd!

יעה

pengki

פח צבע

pot cét

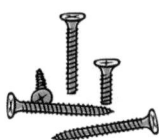

ברגים

sekrup bor

כלי נגינה
alat musik

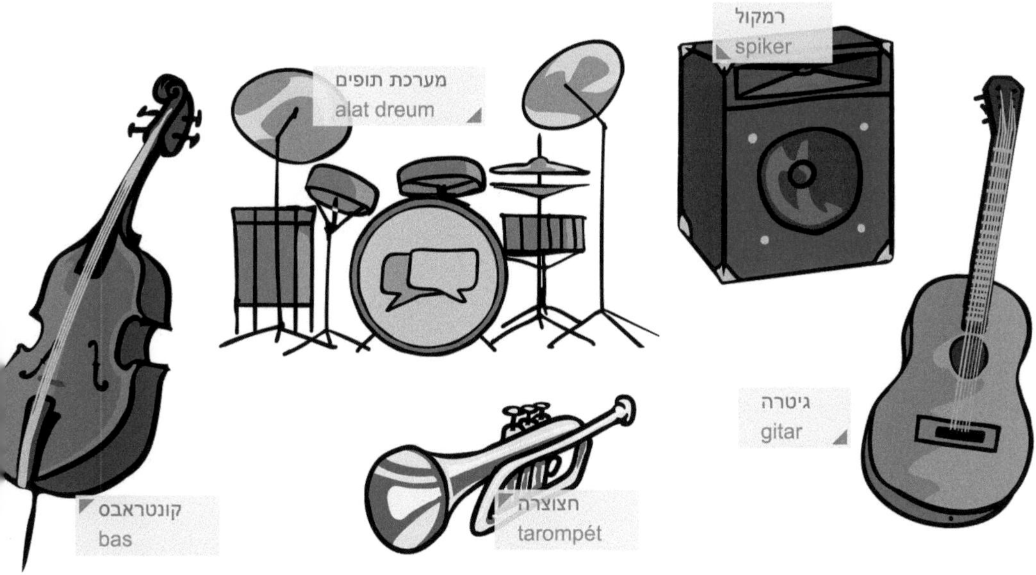

רמקול
spiker
מערכת תופים
alat dreum
גיטרה
gitar
קונטראבס
bas
חצוצרה
tarompét

פסנתר
piano

כינור
violin

בס
bas

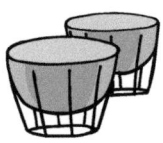

תוף הדוד
tambur

תופים
dreum

מקלדת פסנתר
keyboard

סקסופון
saksofon

חליל
suling

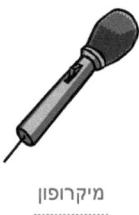

מיקרופון
mikrofon

גן חיות
kebon binatang

- כניסה / panto asup
- נמר / maung
- כלוב / kandang
- זברה / sebra
- מזון לחיות / parab
- פנדה / panda

בעלי חיים
sato

פיל
gajah

קנגרו
kanguru

קרנף
badak

גורילה
gorila

דוב
biruang

גמל
onta

יען
manuk onta

אריה
singa

קוף
monyét

פלמינגו
flamingo

תוכי
manuk béo

דוב הקרח
biruang polar

פינגווין
penguin

כריש
hiu

טווס
merak

נחש
oray

תנין
buaya

שומר גן החיות
tukang jaga kebon binatang

כלב ים
anjing laut

יגואר
jaguar

גן חיות - kebon binatang

סוס פוני
kuda poni

לאופרד
macan tutul

היפופוטאם
kuda nil

ג'ירפה
jerapah

נשר
heulang

חזיר בר
bagong

דג
lauk

צב
kuya

סוס ים
anjing laut

שועל
robah

איילה
kijang

גן חיות - kebon binatang

ספורט
olahraga

כדורגל

sépak bola

בדמינטון

badminton

אתלטיקה

atletik

כדור-יד

bola tangan

עשה סקי

ski

פולו

polo

פעילויות
aktivitas

כתב	צייר	הראה
nyerat / nulis	ngalukis	ningalikeun

דחף	נתן	לקח
ngadorong	méré	mawa

יש / להיות הבעלים
boga

עשה
ngalakukeun

היה
nya éta

עמד
tatih

רץ
lumpat

משך
narik

זרק
malédog

נפל
ragrag

שכב
saré

חיכה
nungguan

סחב
nyandak

ישב
diuk

התלבש
anggé acuk

ישן
saré

התעורר
hudang

פעילויות - aktivitas

הסתכל ב-
ningali

בכה
méwék

ליטף
ngusapan

סירק
nyisir

דיבר
nyarita

הבין
ngarti

שאל
naros

שמע
ngadéngé

שתה
nginum

אכל
dahar

סידר
bébérés

אהב
bogoh

בישל
masak

נהג
nyetir

עף
hiber

פעילויות - aktivitas

שט
balayar

חישב
ngitung

קרא
maca

למד
diajar

עבד
gawé

התחתן
kawin

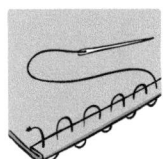
תפר
ngajait

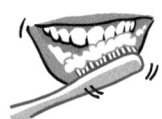
ציחצח שיניים
sikat huntu

הרג
maéhan

עישן
ngarokok

שלח
ngirim

פעילויות - aktivitas

משפחה
kulawarga

סבתא / nini
סבא / aki
אבא / bapak
אימא / emak
תינוק / orok
בת / budak awéwé
בן / budak lalaki

אורח
tamu

דודה
bibi

דוד
emang

אח
aa

אחות
tétéh

גוף
awak

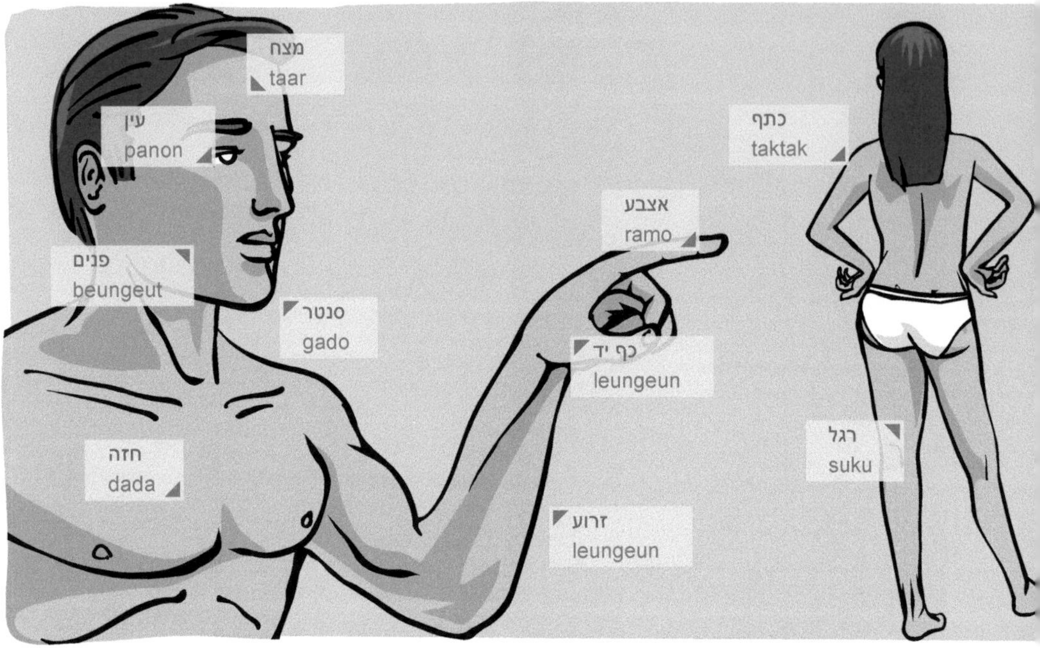

מצח / taar
עין / panon
פנים / beungeut
סנטר / gado
חזה / dada
אצבע / ramo
כתף / taktak
כף יד / leungeun
זרוע / leungeun
רגל / suku

תינוק
orok

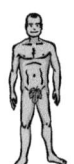

איש
lalaki

אישה
awéwé

ילדה
awéwé

ילד
lalaki

ראש
sirah

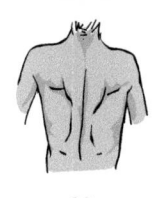
גב
tonggong

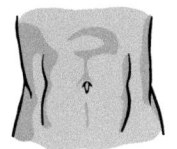
בטן
beuteung

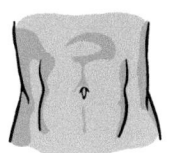
טבור
bujal

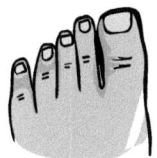
אצבע
jempol

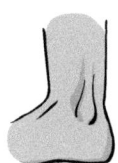
עקב
keuneung

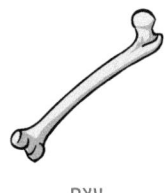
עצם
tulang

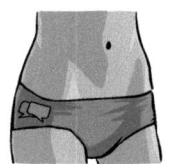
ירך
cangkéng

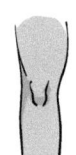
ברך
tuur

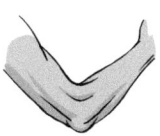
מרפק
sikut

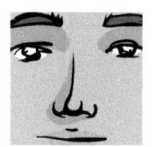
אף
irung

עכוז
bujur

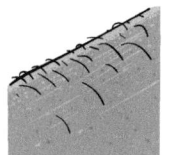
עור
kulit

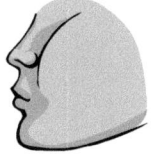
לחי
pipi

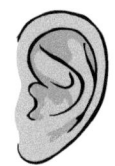
אוזן
ceuli

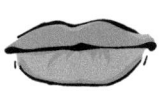
שפתיים
biwir

awak - גוף

פה
baham

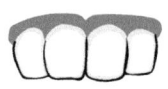

שן
huntu

לשון
létah

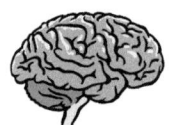

מוח
uteuk

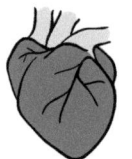

לב
haté

שריר
otot

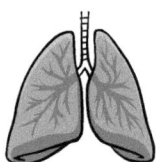

ריאה
bayah

כבד
ati

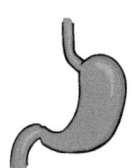

קיבה
lambung

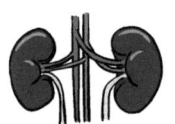

כליות
ginjal

מין
sapatemon

קונדום
kondom

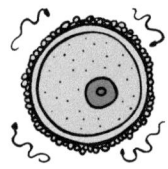

ביצית
sél telur

זרע
spérma

הריון
kakandungan

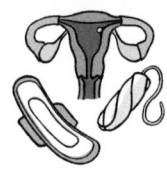

וסת

haid

נרתיק

heunceut

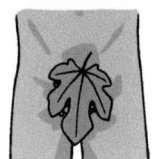

פין

sirit

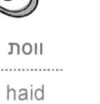

גבה

halis

שיער

buuk

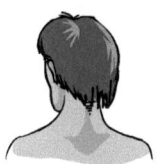

צוואר

beuheung

בית חולים
rumah sakit

בית חולים / rumah sakit

אמבולנס / ambulan

כיסא גלגלים / korsi roda

שבר / pateuh

רופא
dokter

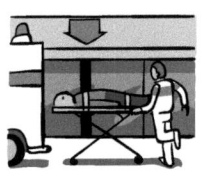

חדר מיון
rohang darurat

אחות
parawat

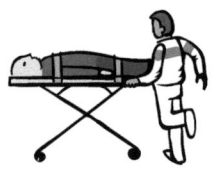

חירום
darurat

חסר הכרה
pingsan

כאב
nyeri

	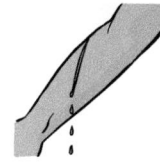	
פציעה tatu	דימום ngaluarkeun getih	התקף לב jantungan

שבץ strok	אלרגיה alérgi	שיעול batuk

חום muriang	שפעת salésma	שלשול birit
	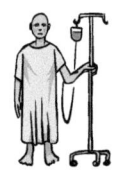	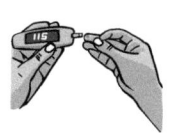
כאב ראש rieut	סרטן kanker	סוכרת diabétés
	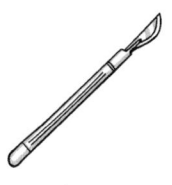	
מנתח ahli bedah	אזמל péso bedah	ניתוח operasi

בית חולים - rumah sakit

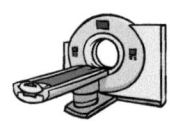
סי-טי
CT

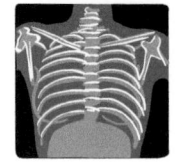
רנטגן
sinar x

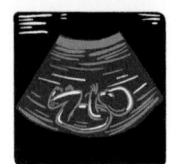
אולטרסאונד
usg

מסיכת פנים
topéng

מחלה
panyakit

חדר המתנה
rohang tunggu

קבה
pangrojong

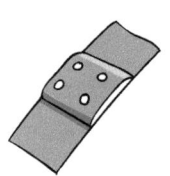
פלסטר
paléstér

תחבושת
perban

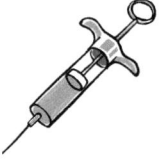
זריקה
injéksi

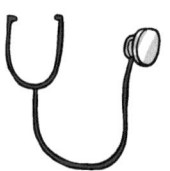
סטטוסקופ
stétoskop

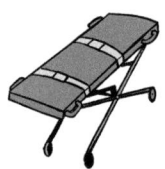
אלונקה
tandu

מד חום
termométer klinis

לידה
kalahiran

עודף משקל
obésitas

rumah sakit - בית חולים

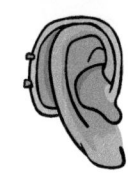

מכשיר שמיעה
alat bantu dédéngéan

מחטא
désinféktan

זיהום
inféksi

נגיף
virus

איידס
HIV / AIDS

תרופה
obat

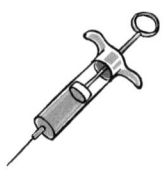

חיסון
vaksinasi

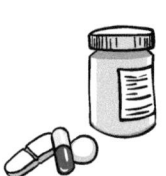

טבליות
tablét

גלולה
pil

קריאת חירום
panggilan darurat

מד לחץ דם
ngukur ténsi

חולה / בריא
gering / séhat

חירום

darurat

הצילו!

Tulung!

אזעקה

alarem

פשיטה

gangguan

תקיפה

narajang

סכנה

bahaya

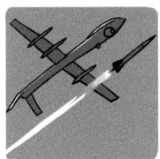

יציאת חירום

panto darurat

אש!

Seuneu!

מטף כיבוי

alat pemadam kabakaran

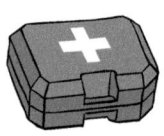

תאונה

kacilakaan

ערכת עזרה ראשונה

kotak P3K

הצילו!

SOS

משטרה

pulisi

כדור הארץ
Bumi

אירופה
Eropa

צפון אמריקה
Amérika Utara

דרום אמריקה
Amérika Selatan

אפריקה
Afrika

אסיה
Asia

אוסטרליה
Australi

האוקיינוס האטלנטי
Atlantik

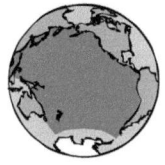
האוקיינוס השקט
Pasifik

האוקיינוס ההודי
Samudra Hindia

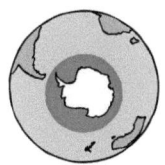
האוקיינוס האנטרקטי
Samudra Antartika

האוקיינוס הארקטי
Samudra Arktik

הקוטב הצפוני
Kutub Utara

הקוטב הדרומי
Kutub Selatan

אנטארקטיקה
Antartika

כדור הארץ
Bumi

אדמה
tanah

ים
laut

אי
pulau

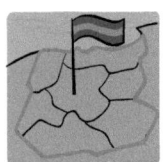

לאום
bangsa

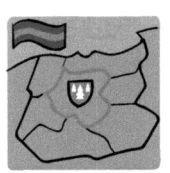

מדינה
nagara

שעון
jam

מחוג הדקות
jarum menit

מחוג השעות
jarum péndék

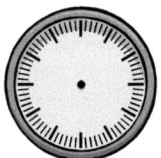
פני השעון
jam wajah

יום
poé

מה השעה?
Tabuh sabaraha?

מחוג השניות
jarum detik

שעון דיגיטלי
jam digital

עכשיו
ayeuna

זמן
waktos

שעה
jam

דקה
menit

שבוע
minggu

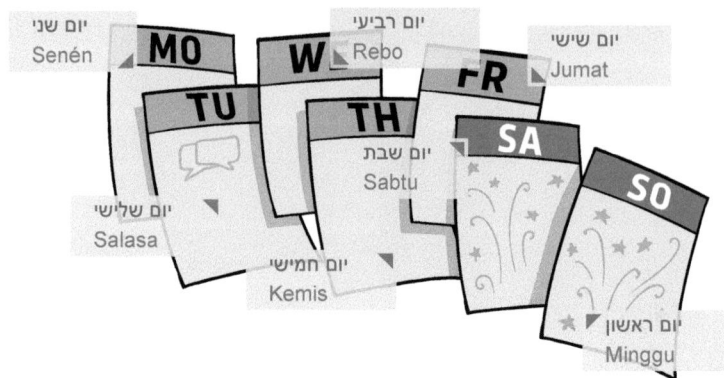

יום שני / Senén
יום רביעי / Rebo
יום שישי / Jumat
יום שלישי / Salasa
יום שבת / Sabtu
יום חמישי / Kemis
יום ראשון / Minggu

אתמול
kamari

היום
dinten ayeuna

מחר
énjing

בוקר
énjing-énjing / isuk-isuk

צהריים
siang

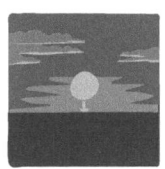

ערב
peuting

ימי עבודה
poé gawé

סוף שבוע
akhir minggu

שנה

taun

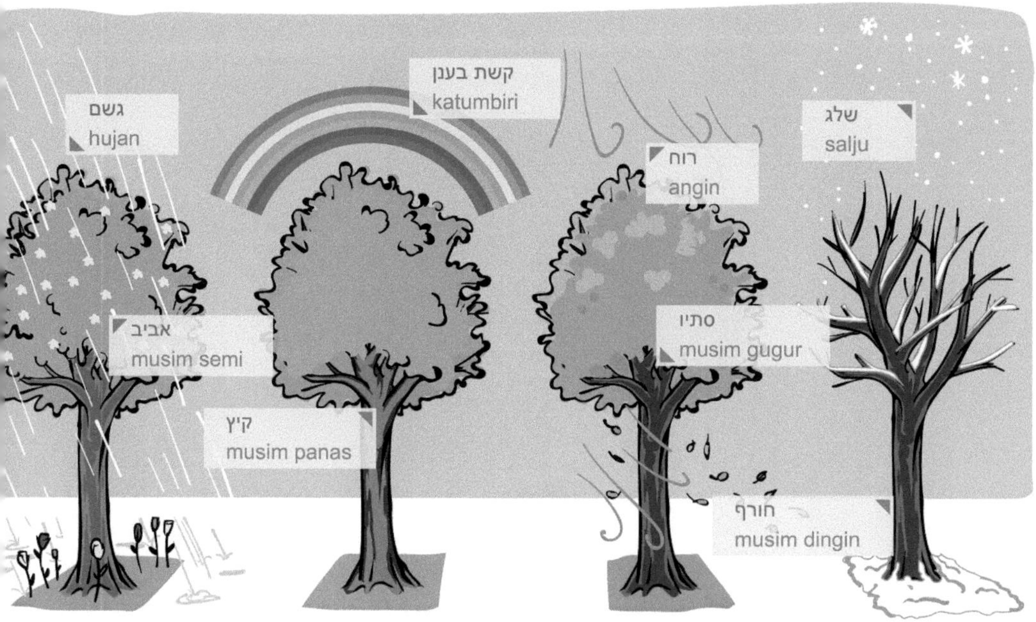

גשם
hujan
קשת בענן
katumbiri
רוח
angin
שלג
salju
אביב
musim semi
קיץ
musim panas
סתיו
musim gugur
חורף
musim dingin

4.APRIL 11°
5.APRIL 4°
6.APRIL 13°
7.APRIL 8°
8.APRIL 10°

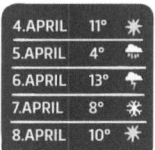

תחזית מזג האוויר

ramalan cuaca

F
C
120
90
60
30
0
-30
40
30
20
10
0
-10
-20

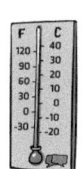

מד חום

térmométer

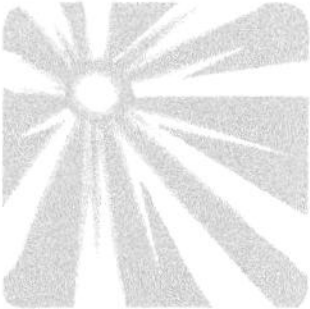

אור שמש

panon poé

ענן

awan

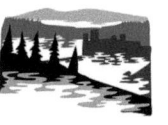

ערפל

pepedut

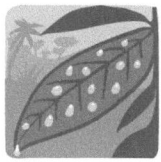

לחות

kelembaban

ברק
gelap

רעם
guntur

סערה
badai

ברד
hujan és

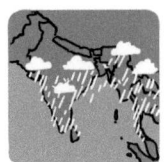

רוח עונתי
angin muson

שיטפון
caah

קרח
és

ינואר
Januari

פברואר
Pébruari

מרץ
Maret

אפריל
April

מאי
Mei

יוני
Juni

יולי
Juli

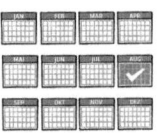

אוגוסט
Agustus

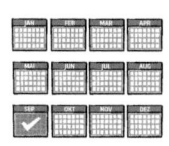
ספטמבר
Séptémber

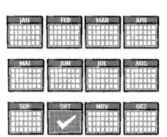
אוקטובר
Oktober

נובמבר
Nopémber

דצמבר
Désémber

צורות
bentuk

עיגול
buleudan

מרובע
persegi

מלבן
persegi panjang

משולש
segi tiga

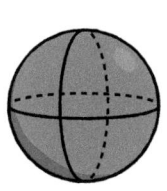
כדור
bola

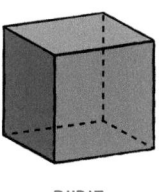
קובייה
kubus

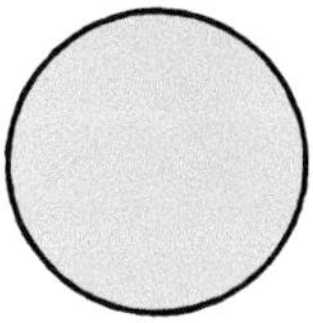

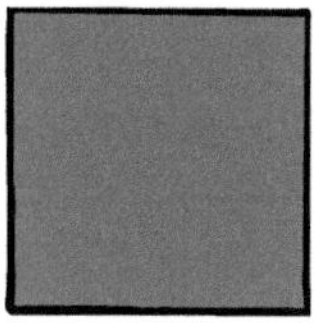

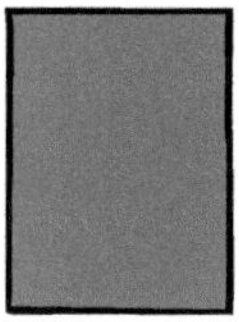

צבעים
warna-warna

לבן
bodas

צהוב
konéng

כתום
oranyeu

ורוד
kayas

אדום
beureum

סגול
bungur

כחול
bulao

ירוק
héjo

חום
coklat

אפור
abu-abu

שחור
hideung

הפכים
sabalikna

הרבה / מעט

loba / saeutik

כועס / רגוע

ambek / kalem

יפה / מכוער

geulis / goreng

התחלה / סוף

ngamimitian / réngsé

גדול / קטן

gedé / leutik

בהיר / כהה

caang / poék

אח / אחות

dulur lalaki / dulur awéwé

נקי / מלוכלך

bersih / kotor

שלם / חלקי

lengkep / teu lengkep

יום / לילה

poé / peuting

מת / חי

paéh / hirup

רחב / צר

lega / heureut

אכיל / לא אכיל
bisa didahar / teu bisa didahar

רשע / טוב לב
jahat / bageur

מתרגש / משועמם
sumanget / bosen

שמן / רזה
badag / begang

ראשון / אחרון
kahiji / terakhir

חבר / אויב
baturan / musuh

מלא / ריק
pinuh / kosong

קשה / רך
heuras / lemes

כבד / קל
beurat / hampang

רעב / צמא
kalaparan / haus

חולה / בריא
gering / séhat

בלתי-חוקי / חוקי
ilegal / legal

נבון / טיפש
calakan / bodo

שמאל / ימין
kénca / katuhu

קרוב / רחוק
deukeut / jauh

חדש / משומש
anyar / urut

כלום / משהו
euweuh nanaon / aya nanaon

זקן / צעיר
kolot / ngora

פעיל / כבוי
hurung / pareum

פתוח / סגור
buka / tutup

שקט / רועש
jempé / gandéng

עשיר / עני
beunghar / sangsara

נכון / שגוי
bener / salah

מחוספס / חלק
kasar / lemes

עצוב / שמח
sedih / gumbira

קצר / ארוך
pendék / panjang

איטי / מהיר
alon / gancang

רטוב / יבש
baseuh / garing

חם / קר
haneut / tiis

מלחמה / שלום
perang / damai

מספרים
angka-angka

0
אפס
nol

1
אחת
hiji

2
שתיים
dua

3
שלוש
tilu

4
ארבע
opat

5
חמש
lima

6
שש
genep

7
שבע
tujuh

8
שמונה
dalapan

9
תשע
salapan

10
עשר
sapuluh

11
אחת-עשרה
sawelas

12
שתים-עשרה
duawelas

13
שלוש-עשרה
tiluwelah

14
ארבע-עשרה
opatwelas

15
חמש-עשרה
limawelas

16
שש-עשרה
genepwelas

17
שבע-עשרה
tujuhwelas

18
שמונה-עשרה
dalapanwelas

19
תשע-עשרה
salapanwelas

20
עשרים
duapuluh

100
מאה
saratus

1.000
אלף
sarébu

1.000.000
מיליון
sajuta

מספרים - angka-angka

שפות
basa-basa

אנגלית

Inggris

אנגלית אמריקאית

basa Inggris Amerika

סינית מנדרינית

basa Cina Mandarin

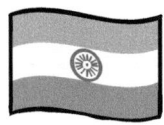

הודית

basa Hindi

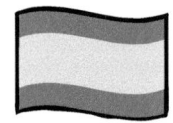

ספרדית

basa Spanyol

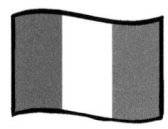

צרפתית

basa Perancis

ערבית

basa Arab

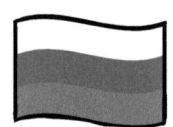

רוסית

basa Rusia

פורטוגזית

basa Portugis

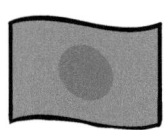

בנגלית

basa Bengal

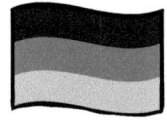

גרמנית

basa Jerman

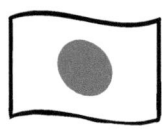

יפנית

basa Jepang

מי / מה / איך
saha / naon / kumaha

אני
urang

אתה / את
manéh

הוא / היא / זה
anjeunna / manéhna

אנחנו
arurang

אתם
maranéh

הם
aranjeunna / maranéhna

מי?
saha?

מה?
naon?

איך?
kumaha?

איפה?
di mana?

מתי?
iraha?

שם
wasta / ngaran

איפה
di mana

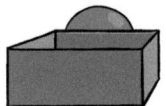

מאחור
di tukang

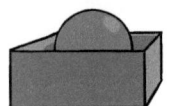

בתוך
di

לפני
di hareup

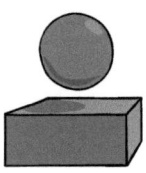

מעל
di luhureun

על
di luhur

מתחת
di handapeun

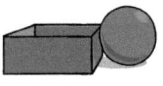

ליד
di gigir

בין
antawis

מקום
tempat